不得不知的人类文明

BUDEBUZHI DE RENLEI WENMING

中国著名的桥梁

ZHONGGUO ZHUMING DE QIAOLIANG

知识达人 编著

成都地图出版社

图书在版编目（CIP）数据

中国著名的桥梁／知识达人编著 . —— 成都：成都地图出版社，2017.1（2021.6 重印）

（不得不知的人类文明）

ISBN 978-7-5557-0442-3

Ⅰ . ①中… Ⅱ . ①知… Ⅲ . ①桥—介绍—世界 Ⅳ . ① K917

中国版本图书馆 CIP 数据核字 (2016) 第 210465 号

不得不知的人类文明——中国著名的桥梁

责任编辑：赖红英

封面设计：纸上魔方

出版发行：成都地图出版社

地　　址：成都市龙泉驿区建设路 2 号

邮政编码：610100

电　　话：028 - 84884826（营销部）

传　　真：028 - 84884820

印　　刷：唐山富达印务有限公司

（如发现印装质量问题，影响阅读，请与印刷厂商联系调换）

开　　本：710mm×1000mm　1/16

印　　张：8　　　　　　　**字　　数：**160 千字

版　　次：2017 年 1 月第 1 版　　**印　　次：**2021 年 6 月第 4 次印刷

书　　号：ISBN 978-7-5557-0442-3

定　　价：38.00 元

前 言

为什么古巴比伦城被称为"空中的花园"？威尼斯为什么建在水上？四大文明要到哪里寻找呢？拉菲庄园为什么盛产葡萄酒？你想听听赵州桥的故事吗？你知道男人女人都不穿鞋的边陲古寨在哪里吗？你去过美丽峡谷中的德夯苗寨吗？

《不得不知的人类文明》包括宫殿城堡、古村古镇、建筑奇迹等。它通过浅显易懂的语言、轻松幽默的漫画、丰富有趣的知识点，为孩子营造了一个超级广阔的阅读和想象空间。

让我们现在就出发，一起去了解人类文明吧！

目录

目录

目录

"踏波无痕"的发明

老人们常说："过河千里远。"古代的人们是宁愿走千里路，也不愿过十里河的。可是现在不一样了，一项伟大的发明让人们可以像武侠小说中描写的那样，毫不费力地就可以从波涛汹涌的大河上"飞"过，这是不是很神奇呢？

这个伟大的发明就是桥梁！桥梁连接着河流两岸，千回百转，造型优美，是河流上一道独特的风景线，我们想要做到"踏波无痕"，可就全

靠它们了。

桥梁在我们的生活中并不少见，司机们经常驾车从城市的立交桥上疾驰而过，去景区游玩的时候，我们也可以看到很多古香古色的小桥。这些桥虽然各不相同，但它们都能起到将两个地方连接起来的作用，让我们可以既方便又快捷地到达目的地。所以有些桥即使不架在水上，我们还是可以把它们称作桥。

现在几乎每条河流上都架设着桥梁，但大家知道吗，早在远古时代，我们充满智慧的祖先就会架设类似桥梁的建筑了。他们将自然倒下的树木收集起来，然后利用一些石块、植物，在溪流上搭出简陋的桥梁，就像堆积木一样。因此，那

时候的桥梁大多是由木材和石头组成。

　　到了近代，建设桥梁所使用的材料发生了很大改变。我们几乎已经不使用古代人经常使用的木材了，而是使用那些韧性和抗冲击性都比较强的钢材，还有更加坚固的混凝土。新材料的使用也带来了桥梁在造型上的很多变革。原来桥梁的形状大多很单调，它们大部分都是拱桥，像个大大的月牙一样。现在桥梁的形状、样式可就丰富多了，有完全用铁链组成的铁索桥，还有吊桥、塔桥、浮桥等，可真是五花八门啊！

　　桥梁在我们的生活中用处可大着呢！当我们想要从一条河的此岸到达彼岸时，固然可以乘船，但船可不是每时每刻都在等着你的。而有了桥就不用愁了，想过的时候你就过吧，就跟在陆地上行走一样。在我们的城市里，每天有那么多的人流和车流穿行于各个方向，马路不畅通怎么办？别担心，让立交桥和人行天桥来解决问题吧！车辆被分流到立交桥上行驶，人们也不必只挤在窄窄的人行道里，城市的交通又变得井然有序了。

　　桥梁这样一个庞然大物为什么能悬空而立，任凭风吹雨打也不倒呢？从表面看起来，桥梁好像是一个会轻功的武林高手一般悬在空中，其实它可是有着坚实的支撑呢。每座桥的下面都会有几个桥墩，稳稳地托着桥身，有的桥还会用很多钢丝将桥身吊住，无论是桥墩还是钢丝，都是经过工程师叔叔、阿姨们精确计算和合理布局的，足可以保证桥梁的稳定。但桥梁也是有一定承重极限的，这时我们就要限制桥上行人和车辆的数量啦。

在古代，人类的科学技术还不发达，桥墩的建设算得上是一项非常困难的建筑工程，但古人的智慧也是不可小看的，他们也想到了很多好办法。相传，在修建著名的洛阳桥时，聪明的工匠们先向准备修桥的地方抛下很多石块，然后在石块上养殖牡蛎，牡蛎会分泌很多黏黏的液体，当这些液体将石块牢牢地粘在一起后，桥墩就形成了，是不是很聪明的方法呢？

桥梁的存在很大程度地改变了我们的生活，我们不仅可以利用它的便捷，而且还能欣赏它所呈现出来的优美造型。没有了桥梁，我们的生活一定会单调许多吧！

什么是混凝土？

混凝土，一般指的是用水泥作胶凝材料，砂、石作集料，与水以及需要加入的化学外加剂和矿物掺合料按适当比例拌制而成的混合料。

混凝土具有原料丰富、价格低廉、生产工艺简单的特点，同时，还具有抗压强度高、耐久性好等特点。它是当代最主要的土木工程材料之一。

翩然起舞的玉带桥

　　清晨，第一束阳光透过云层，唤醒了还在沉睡中的大地万物。这时候一切都还是朦朦胧胧的，然而北京颐和园一角的水面上却已经流光溢彩、晶莹剔透了。远远看过去，一条青白色的玉带闪着光，起起伏伏，好像有人在水面上翩翩起舞一样，美丽虚幻得好像是仙境一般，这是仙女下凡了吗？

　　可是待人们走上前去一看，哪里有仙女的踪影，原来是那由汉白玉和青白石砌成的玉带桥呀，果真像玉带一样美丽灵动呢！玉带桥位于北京颐和园的昆明湖上，通体都是用玉石琢成，并配有精制的白石栏板，显得格外富丽堂皇，却又不失端庄秀雅。因此，它在北京"西堤六桥"中是最受人们喜爱的，也是这六座桥梁中唯——座高拱石桥。

当年乾隆皇帝每次去玉泉山，都要通过这座桥呢，这座桥上至今还留有乾隆的题词："螺黛一痕平铺明月镜，虹光百尺横映水晶帘。""地到瀛洲星河天上近，景分蓬岛宫阙水边多。"这两句题词传神地描绘了玉带桥的灵秀与优美，可见皇帝老爷是多么喜欢这座桥啊。

玲珑秀美的玉带桥就像是一个娇俏可爱的妙龄少女，总是挥舞着玉带在水面上起舞。玉带桥洁白如玉，桥面呈波浪线形状，桥身漂浮在水面犹如玉带。桥身流畅的曲线与桥下的流水相得益彰，桥面与水面浑然一体。桥栏的望柱上还雕刻着振翅欲飞的仙鹤，非常逼真，好像随时就要飞走一般。玉带桥的桥拱又高又薄，倒映在水面上，仿佛一轮圆月。因此，玉带桥原来还被大家

称为"穹桥"。

玉带桥建造于乾隆年间（1736—1795年），为了确保乾隆皇帝的"昆明喜龙船"能顺利通过，设计工匠们便设计了高高的桥洞，使当时从清漪园到静明园的水路畅通无阻。玉带桥造型灵动、姿态优雅，不仅深受国人喜爱，还得到世界上其他国家人们的认可。美国的纽约狱门桥钢拱建于20世纪，其弧弦的设计举

世闻名，当时被称为全球拱桥之冠。其设计者享受着全世界赞美时，却谦虚地承认这项设计的成功是受北京颐和园里玉带桥的启发。可见玉带桥中所包含的中国工匠的智慧，在世界建筑史上是多么的闪光。

　　如今，玉带桥已经历经了400多年的沧桑，却依然完好无损。它一身青石白玉"罗裙"依然剔透净雅。每当傍晚时分，夕阳映红了水面，玉带桥在粼粼波光中显得更加娇俏可爱。

赵州桥，连接历史的纽带

　　说起赵州桥，大家是不是觉得这个名字很熟悉呢？当然，在上学时我们都曾经学到过描写它的课文，但这座古老的桥梁还有着一段鲜为人知的故事呢。

　　传说，在距离河北省赵县不远的地方有一条洨河，这条河的水势很大，特别是到了夏秋季节的汛期时节，迅猛而湍急的河流给洨河两岸居民的出行带来了很大的不便，人们都备受困扰。我国历史上著名的工匠鲁班知道这件事后，就利用自己高超的技术，只用了一个晚上的时间就在洨河上修好了一座桥，而这座桥就是我们现在熟知的赵州桥了。

　　赵州桥建好后，两岸居民们都很开心，争相跑来观看。这件事很快就被天界爱跟人开玩笑的张果老知道了，他不相信鲁班在这么短的时间里可以造好一座桥。于是他就问鲁班："作为对你造的桥的考验，我要看看它能不能让我和柴荣两个人同时通过。如果不能，我就要惩罚你。"刚造好桥的鲁班

对此很不以为然，得意地说："当然能啦！"

想存心为难鲁班的张果老事先将太阳和月亮都装进自己的口袋里，又让柴荣推着五岳名山，一起走上赵州桥。赵州桥当然承受不了这个重量了，鲁班一看桥要倒塌，赶紧跳到桥下，用自己的手撑起桥来。最后，桥当然没有倒塌，不过桥上却留下了他们三个人的痕迹，由此成为赵州桥上有名的仙迹，现如今每天都有很多游客争相观看呢！

当然，鲁班造桥的故事只是一个理想、美好的民间传说，赵州桥的真正建造者是我国古代很有名气的匠师李春。在1400多年前，李春设计并建造了赵州桥，随后这座坚固的桥梁就一直保存至今，虽然有一些损毁，但也已经是一座保存最完整的古代敞肩石拱桥了。由此可见，赵州桥是多么坚固呀！

那么这座著名的桥梁为什么叫赵州桥呢？它的名字由来其实很简单，因为这座桥位于河北省的赵县，因此人们就给它起名为赵州桥了，不过它还有一个好听的小名，叫作安济桥。

赵州桥在当时可是采用了相当于全世界最顶尖的设计思路，从而建成了这座空腹式的圆弧形石拱桥。为什么赵州桥的桥梁是圆弧而不是半圆形呢？这是因为随着桥梁跨度的增大，半圆形的桥拱也会随之增高，当需要架桥的河面很宽的时候，人们过桥岂不就得像爬山一样爬过去了？这样的桥就失去便民的价值了。而赵州桥这种圆弧形的设计，不但大大降低了桥面的高度，同时建造起来也方便很多。

赵州桥还有一个特别的地方，就是它的桥拱设计。一般的桥梁设计师大多都采用实肩拱，因为这样桥梁会比较坚固。但李春爷爷却突发奇想，将实肩拱改成了敞肩拱，除了桥中间的大拱外，他还在两边靠近大拱的地方各设了两个小拱。这增加的四个小拱又有什么用呢？大家可别小看了这四个小桥拱，它们可以使赵州桥比其他的桥更加稳固呢！

　　很多桥坍塌的原因都是因为洪水的冲击，所以，洪水是建造桥梁时必须考虑的一个安全因素。实肩拱的桥梁虽然站得比较稳，可是受洪水冲击的面积也大，所以洪水往往能将这样的桥梁摧毁。但赵州桥的那四个小拱可是大大减少了洪水对桥身的冲刷呢，而且还增加了桥孔的过水能力。对于水势较大的洨河，赵州桥真是再合适不过了，也难怪赵州桥可以在洨河上屹立千年而

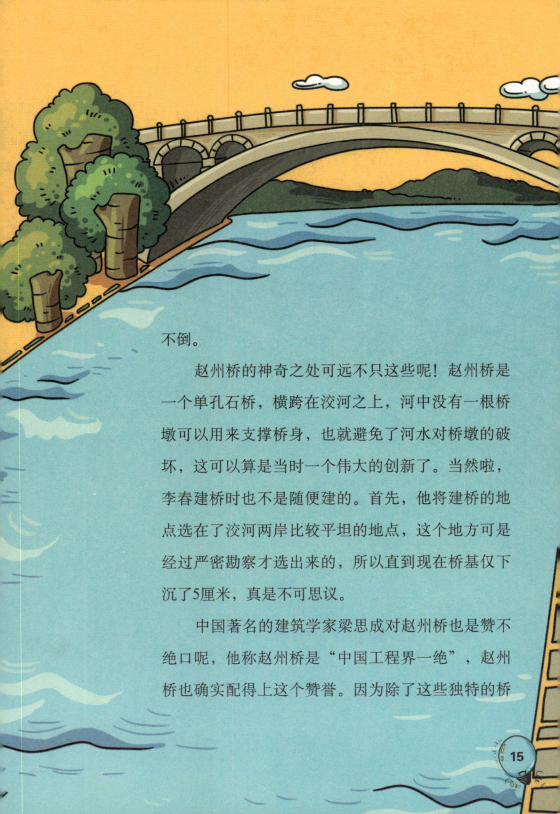

不倒。

赵州桥的神奇之处可远不只这些呢！赵州桥是一个单孔石桥，横跨在洨河之上，河中没有一根桥墩可以用来支撑桥身，也就避免了河水对桥墩的破坏，这可以算是当时一个伟大的创新了。当然啦，李春建桥时也不是随便建的。首先，他将建桥的地点选在了洨河两岸比较平坦的地点，这个地方可是经过严密勘察才选出来的，所以直到现在桥基仅下沉了5厘米，真是不可思议。

中国著名的建筑学家梁思成对赵州桥也是赞不绝口呢，他称赵州桥是"中国工程界一绝"，赵州桥也确实配得上这个赞誉。因为除了这些独特的桥

　　梁设计理念之外，赵州桥也很有观赏价值。赵州桥的每根望柱上都被能工巧匠们以精湛的工艺雕刻了狮子、龙等兽像，看起来非常逼真，这些可都是艺术瑰宝呢。更值得我们骄傲的是，赵州桥的建造技术领先了欧洲1000多年呢！

　　赵州桥充分展示了中国古代匠师们卓越的技艺，是他们智慧的结晶。这个流传千古的艺术瑰宝，是历史留给我们的丰厚遗产。现在，赵州桥已经被列为国家重点文物，保护好它也是我们刻不容缓的事情。

飘在水乡原野上的一条宝带

　　这里有很多关于才子佳人的传说，这里素有"上有天堂，下有苏杭"的美誉，这里就是苏州。那么这里的桥梁是否也都具有一种钟灵毓秀的美呢？宝带桥就是其中的一座，让我们来看看它又有什么独特之处吧！

　　宝带桥是秀丽的，它狭长纤细的身姿如同一条宝带，与湖光山色相得益彰。石桥背倚青山，静卧在绿水远黛中。繁花盛开之际，那景致不亚于皇家的御花园；而夜晚时分，在皓月当空时泛舟桥下，浑身都洒满月光，真仿佛是置身仙境了，怪不得连仙女都要下凡来欣赏这样的美景了。

　　相传在很久很久以前，天上的一位仙女听说人间有一个叫作姑苏（今天的苏州）的地方，景色非常秀丽，人们每天辛勤地劳作，过着十分幸福的生活。这位孤独的仙女非常想下到凡间去看一看。终于有一天，仙女找了个机会溜到了凡间，来到苏州的太湖之上。

  这儿的景色果然很美，仙女玩得也很尽兴。正
当她想要离开的时候，突然看到湖面上的一叶小舟
正因剧烈颠簸着的水面而缓缓下沉，善良的仙女立
刻解下自己腰间的玉带，将其抛向湖面。就在玉带
缓缓落到湖面上的那一瞬间，湖水马上就平静了下
来，而玉带也变成了一座横跨两岸的石桥。两岸的
人们见此情景，欢欣鼓舞，因为他们终于可以从桥
上过河了。

  宝带桥当然不会是仙女的玉带变成的，但从这
个传说中我们可以看出，当地的人们已经将宝带桥
视为一种美好的化身。千百年来，宝带桥与
苏州已经融为一体了，仿佛有苏州

的存在就一定也会有宝带桥一样。但是，被寄寓了这么多美好期望的宝带桥不会只是修建起来供人们观赏的吧？事实当然不会那么简单啦！

　　宝带桥在当时可是被作为重要的货物运输和交通要道修建的。苏州处于富庶的江南之地，地理位置非常优越，时常会有商旅经过。商旅行人众多，水路交通又很不方便，于是当地的刺史大人王仲舒就筹集资金在太湖上建了一座桥梁，据说王仲舒首先带头捐出了自己的一条宝带来作为建桥的资金，因此，当地人

将这座桥命名为宝带桥。

在我国现存的古代桥梁中，宝带桥是最长的一座多孔石桥。它不仅给两岸居民的出行带来了很大便利，精巧的设计也是它的一大特色呢。宝带桥的桥身上共有53个孔，所有孔中要数中间部位的三个联孔最高、最大，这样可以让大船自由通行。桥的南北两端各有一对威武的石狮子，至今，北边的两个石狮子还忠诚地守护着宝带桥，遗憾的是南边的石狮子早已因为损毁而沉入了水底。

作为繁忙的漕运要道，宝带桥的损毁很严重，所以现存下来的宝带桥是明代时期重建的，而不是唐朝初期修建的。在后来的对外战争中，宝带桥又遭受到被损毁的命运，幸运

的是国家按照明朝的规模和形制将它进行了重新修复，并列为重点保护文物。宝带桥再也不用担负交通运输的千斤重担了，它只需幸福地"安享晚年"就可以了。

宝带桥，这飘在原野的一条宝带，这点缀江南的一条宝带，卸下历史交给它的重任后，它以更加绮丽的面貌迅速融入美丽的水乡中。随着社会的发展，如今的太湖上新修起了很多现代化的桥梁，作为四大古桥之一，宝带桥纵然经历了很多的沧桑岁月，但是它依然宠辱不惊，继续见证着江南苏州的繁荣发展。

环肥燕瘦，
最美还是五亭桥

　　古诗有云："烟花三月下扬州"。扬州自古就是个好地方，许多的文人雅士都对这个地方向往不已，不管是来过扬州的，还是正要来扬州的，扬州都是他们心中一处完美无瑕的宝地，怕是

比一些神仙洞府还要秀美、空灵百倍呢。

　　大家都知道扬州最著名的景点就是瘦西湖，瘦西湖与大名鼎鼎的杭州西湖相比也是丝毫不差的。它们各有各的特色，就像我们没办法比较到底是貂蝉更美，还是西施更俏一样，我们也没有办法将它们分出个高低来。但瘦西湖拥有一件法宝，而且是一件绝无仅有的法宝，就是杭州西湖面对这件法宝也要自叹不如呢！

　　瘦西湖的这个镇湖之宝就是五亭桥。五亭桥的样貌，我们从它的名字中就可以猜出个大概来，这座桥上应该有五座亭子吧。这个想法虽然是对的，可是五亭桥可不是随随便便在桥上建五座亭子就能成的，相反，五亭桥构思巧妙，造型独特，一直在桥梁界享有盛誉。著名的桥梁专家茅以升曾经也对五亭桥赞不绝口，说它是中国"最具艺术美的桥"。

23

五亭桥既然配得上这个称赞，它的来历自然也不简单。五亭桥兴建于清朝的乾隆年间，据说当时乾隆皇帝要到江南来视察，扬州是必经之地。扬州的官员和百姓们得知乾隆皇帝要来，非常高兴，在当时来讲这可是份天大的殊荣啊！高兴过后，他们就在苦思冥想该如何招待乾隆皇帝。皇帝什么珍奇宝贝都见过，还能有什么会让他啧啧称奇呢？这可真把扬州的官员和百姓们急坏了。

但是可别小瞧我国古人的智慧哦，这用来讨好乾隆皇帝的东西还真让他们给想到了。当时的京城，也就是皇帝住的地方，在那儿的北海有五龙亭和十七孔桥，如果能把这些东西都搬到扬州来，那乾隆皇帝看了肯定会很高兴。可是那北海那么大，咱们扬州这瘦西湖就这么小丁点儿，怎么可

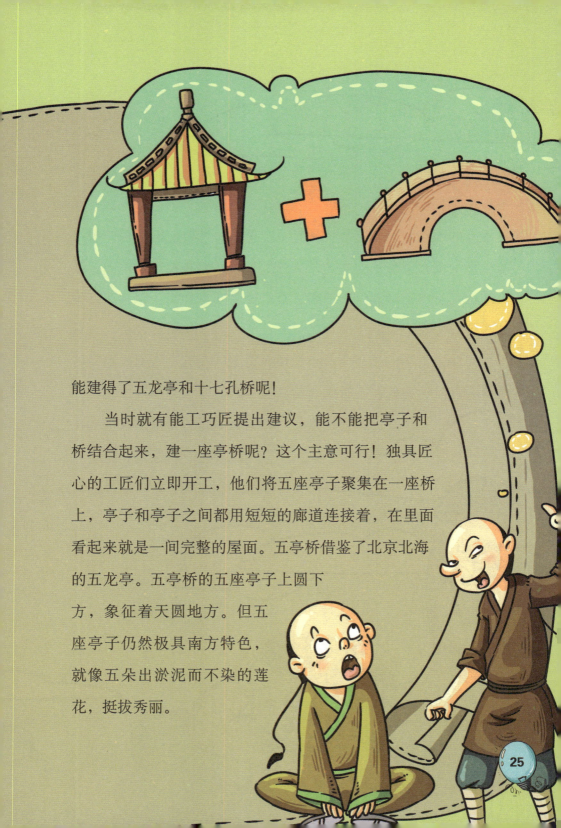

能建得了五龙亭和十七孔桥呢!

当时就有能工巧匠提出建议，能不能把亭子和桥结合起来，建一座亭桥呢？这个主意可行！独具匠心的工匠们立即开工，他们将五座亭子聚集在一座桥上，亭子和亭子之间都用短短的廊道连接着，在里面看起来就是一间完整的屋面。五亭桥借鉴了北京北海的五龙亭。五亭桥的五座亭子上圆下方，象征着天圆地方。但五座亭子仍然极具南方特色，就像五朵出淤泥而不染的莲花，挺拔秀丽。

五亭桥的亭子上面建有宝顶，亭子内部雕刻着精美的花纹，亭外还挂有风铃，风一吹过就叮当作响。五座亭子亭亭玉立，像是盛开的莲花，因此五亭桥又有"莲花桥"之称。五亭桥的桥身和桥基则没有了亭子的秀美，桥身呈拱卷形，共有15个桥孔，最大的桥孔呈半圆形，位于中间。整个桥基厚重朴实，颇具北方建筑的雄宏之美。

可是，秀美的亭子与雄宏的桥基是怎么在五亭桥上得到完美结合的呢？关键就在于桥拱，桥基虽然略显厚重，但桥拱的设计却空灵秀美，再加上桥洞的曲线，这些都在桥基的厚重中增添了婉约的气息。桥基与亭子在这样的精

心设计下，就达到了完美的融合。五亭桥是北方与南方的建筑特色糅合成的精品，是一种力量与柔美的结合，是一种壮阔与秀丽的和谐统一。

除了这些一眼就可以看到的鲜明特色外，五亭桥还有一个奇特的地方。那就是每当月圆之夜时，天上有一轮皎月，在五亭桥下却有15轮月亮，在五亭桥的15个桥洞中，每个洞里都会有一轮熠熠生辉的明月。如果有幸能够在中秋之夜来到五亭桥，欣赏这"十五的月亮十六圆"的盛景，那将是一件天大的美事！

五亭桥是座很有特色的桥，经历了数百年岁月的变迁，它早已经是扬州特色中不可分割的一部分，更是扬州瘦西湖畔一道不可缺少的风景线。它融合了阴柔和阳刚，将

南方的秀丽与北方的雄壮都体现得淋漓尽致。南巡的乾隆皇帝曾感叹它像是"琼岛春阴"，就是说它具有北方的特色，这在南方的众多桥梁中是不多见的。中国桥梁虽是环肥燕瘦，可谁能与五亭桥相比呢？

如果我们可以将瘦西湖比作一个窈窕少女的话，那么五亭桥就是少女腰间的一条彩带，虽然只是少女衣饰搭配的一部分，却是极出彩的一部分。如果缺少了五亭桥，瘦西湖还能是那个瘦西湖吗？恐怕它的景致趣味都要大打折扣了吧！

这座桥不简单，它在水上"吊钢丝"

在中国南方的广东省潮州市，有一座神奇的桥梁，这座桥梁总是不肯"老老实实"地蹲在安稳的桥墩上，而是在水面上摇摇摆摆，却也一直坚持了千年之久呢！这座桥就是广济桥，它"吊钢丝"的本领可是数一数二的。那么，它为什么这么厉害呢？大家不要急，先来听一个故事，或许能解答大家的疑惑呢。

广济桥俗称湘子桥，因为当地一直流传着一段关于韩愈请八仙之一的韩湘子与广济和尚合造广济桥的故事。当时，

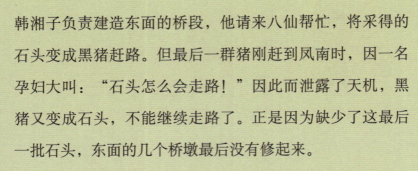

韩湘子负责建造东面的桥段，他请来八仙帮忙，将采得的石头变成黑猪赶路。但最后一群猪刚赶到凤南时，因一名孕妇大叫："石头怎么会走路！"因此而泄露了天机，黑猪又变成石头，不能继续走路了。正是因为缺少了这最后一批石头，东面的几个桥墩最后没有修起来。

广济和尚负责修建桥西南面的桥段，他也请来十八罗汉帮忙，将采得的石头变成一群乌羊赶路。但当最后一批乌羊赶到半路时遇到一个地主，这个地主是当地的恶霸，此时看到一个外乡人赶着一大群羊，就想据为己有。广济

和尚不想与他纠缠，就将羊赶到地主的地里，然后乌羊变成了石头，将地主家的地压坏了。可是广济和尚也因此没能将桥修好。

就在韩湘子和广济和尚束手无策的时候，八仙中的何仙姑将手中的花瓣抛向桥的中间，花瓣化成18艘大船，广济和尚将自己的禅杖抛下，化成大藤，将18艘大船牢牢地拴在了一起，于是一段浮桥就形成了，并将东面和西南面的两座断桥连接在了一起。

广济桥是我国乃至全世界出现最早的启闭式桥梁，它的启闭作用不仅仅是为了方便船只的通行，还可以作为关卡。在古代，官府就是利用它来拦截过往运盐的船只，收取漕运费用的，缺少了这座桥，官府就会少了不少的收入呢！

广济桥在中国桥梁史上有着特殊的意义，甚至它的每个桥墩距今都有几百年的历史了，有着许多鲜为人知的动人故事，它们都是广济桥屡毁屡建的见证者。如今广济桥已经形成了"十八梭船二十四洲"的格局，也就是广济桥的桥下有24个桥墩，这些桥墩要比我们平时看到的普通桥墩宽大许多，这样可以更好地支撑广济桥那

宽于当时寻常桥梁的桥面。而在河的中心位置，水势比较大，不适合修建桥墩，就用18艘船连成一座浮桥，这样就可以避免河水和大风对桥梁的损伤啦！不过，也正是这样独特的设计，才让广济桥看起来更加壮观。试想一下，走在一座可以摇晃的桥上该是一件多么惊险刺激的事呀！

但是在古时候，广济桥那过于宽广的桥面怎样才能物尽其用呢？当时的古人早已经想到方法了。古代的车辆肯定是占不了那么大空间的，所以我们古代智慧的劳动人民就在桥上面摆起了小摊儿。"一里长桥一里市"，桥墩上有亭台楼阁，桥面上是鳞次栉比的木屋，叫卖

声和丝竹声不绝于耳。如果你是外地来的，你肯定不会相信这就是大名鼎鼎的广济桥，所以经常有人走在桥上却还不知自己身在此桥呢！

自开始建造以来，广济桥的修缮、改建工程就从没有停止过。对广济桥的修缮和维护是当地历代官员的大事，所以直到今天广济桥依然完好地存在着，虽然在外观上已经有了一些改变。

"到广不到潮，枉向广东走一遭；到潮不到桥，枉向潮州走一遭。"广济桥是广东人民的宝贝，它的独特魅力不是单薄的语言可以描述尽的，何不跟着爸爸妈妈亲自走一趟呢？你一定还会发现许多广济桥的独特之处。

独一无二的 "立交桥"

中国真是个神奇的地方，它拥有许多让全世界惊叹的伟大发明，就连现在很多现代化的事物都能在中国的历史中找到踪影。你不信吗？那我就给你举一个很简单的例子。在城市的交通要道中，我们经常可以看到一些高高耸立、车来车往的立交桥，它们四通八达，为缓解城市交通拥挤发挥了很大的作用。

但是，这些立交桥是现代化城市的象征，是钢筋混凝土的产物，这好像跟中国的古代建筑根本靠不上边儿，难道中国古代就有了立交桥？如果真的有的话，那古代的"立交桥"到底有什么作用呢？

　　的确，立交桥并不是现代城市所特有的，早在1000多年前的中国就出现了世界上最早的"立交桥"。那这座"立交桥"有什么神奇之处吗？

　　这座"立交桥"有一个古典而又拗口的名字，它叫作鱼沼飞梁。鱼沼飞梁是一座很特殊的桥梁，目前全世界也仅有这么一座，它位于山西晋祠的圣母殿前。我国古往今来许多

名人学者都曾赞誉过此桥，郦道元在他的著作《水经注》中曾详细地介绍过山西晋祠的鱼沼飞梁；我国著名的建筑师梁思成先生也曾说像山西晋祠鱼沼飞梁这样的桥梁实属不多见，只有在古画中见过几次，现实中能见到的也就仅此一座了。可见鱼沼飞梁是多么珍贵的历史文物呀！

鱼沼飞梁是一座精致的古桥建筑，与圣母殿同时建于北魏时期，当时是为纪念周武王次子叔虞而建，年代已经相当久远了。鱼沼飞梁这个名字的由来，与圣母殿前的一汪泉水有着密不可分的联系。这汪泉水的四周都被砌上了方形的池子，古人习惯把圆形的池子叫作"池"，方形的

池子叫作"沼"，因此这个水池就叫作"沼"；又因为里面养有很多的鱼，所以就叫作鱼沼。鱼沼里面立了34根小八角形的石柱，这些石柱的顶端还被架上了斗拱和枕梁，十字形的桥面就架在上面。由于这些石柱就是桥梁的支撑，因此这些石柱被称为飞梁。

在飞梁的南北两边的两段桥面的两侧，各有一只卧着的石狮子，但现在这些石狮子已经遗失了两个，只剩下两个了。遗留下来的这两个石狮子造型十分逼真，都是再现小狮子嬉戏时的形状，与飞梁应该都是同时期的作品。

比较特殊的是，鱼沼飞梁的桥面是十字形状的，这种样式在中国古代的桥梁建筑中几乎不存在。并且鱼沼飞梁的桥面是中间高，越往两端越低，桥面的四个方向分别把圣母殿、献殿与鱼沼的岸边连接起来。而下斜的桥面，就像一只即将要展翅高飞的大鹏，这也是人们将其称为"飞梁"的一个重要原因。

除了新颖独特的造型外，鱼沼飞梁所用的建筑材料也是有讲究的。它所采用的是耐腐和耐磨的石材，这样既可以防止水的侵蚀，又不怕践踏。桥体里还填充了一部分木材，这样不但可以提高桥面的韧性和塑性，也提高了桥面的承重能力。

鱼沼飞梁是我国桥梁界的"大熊猫"，然而目前它因为一些不可抗的自然因素也或多或少地受到了一些损害。因此，保护古桥梁的工作任重道远，我们需要坚持不懈，将桥梁的保护与现代的科技结合起来，我们要尽全力将鱼沼飞梁这座独一无二的古代"立交桥"长留于世。

《水经注》是一本什么样的书？

《水经注》为北魏时期著名的地理学家郦道元所著，是我国现存比较完整的一部记录河道水系的综合性地理著作。它比较全面而系统地介绍了我国古代水道所流经各地的地理地貌等，是一部具有较高历史、地理、文学价值的专著，对后世影响深远，至今仍具有很高的参考价值。

第一颗抗战的子弹
是落在卢沟桥上的

在许多年前的一个静悄悄的凌晨，黎明的曙光还未照向人间，大地都还沉浸在熟睡当中。突然，一阵"嘭嘭嘭"的子弹声划破卢沟桥上的寂静，将这一刻的黑暗从卢沟桥一直蔓延到全中国。日本帝国主义发动了全面侵华战争，英勇的中国人民奋起反抗，抗战的漫长岁月就从这儿开始了！这就是发生在卢沟桥上的著名历史事件——"七七事变"。也是从

那时开始，中国这头沉睡的雄狮开始苏醒了。

作为一座有着重要历史意义的桥梁，卢沟桥本身早就已经闻名世界了，它可是一座"内外兼修"、形神俱美的桥梁，就连著名的马可·波罗都称赞它是世界上独一无二的桥梁呢！

卢沟桥位于我国首都北京市的西南方，坐落于丰台区的永定河上，而永定河也叫卢沟河，这么一说，你肯定知道卢沟桥的名字是从何而来了吧。卢沟河一直都是一处重要的交通要塞，所以自古以来，它都备受不同势力的争夺。古时候，卢沟河上就只有浮桥，为来来往往的行人带来了很大的不便。但就是这简陋的浮桥，却是一条进京的必经之路，它也

渐渐地无法担负这么重要的任务了。于是在明朝时期，在卢沟河的水面架起了这座闻名后世的卢沟桥。

除却卢沟桥重要的地理位置外，它的观赏价值也是很值得一提的。卢沟桥的整个桥身都是用石头堆砌起来的，它可是北京现存的最古老的石造联拱桥呢！卢沟桥上最漂亮最神秘的应该就属那些神态各异、活灵活现的石狮子了吧。这些石狮子都是独一无二的，它们没有哪两只是一样的，而且每一只都独具风韵。

这些石狮子就像是卢沟桥的守护者一样，它们有的低着头，神态认真，好像在静静倾听桥下的流水声；有的则像一位慈祥的母亲，眼中只有它身边的幼狮；还有的狮子威风凛凛，昂首凝神，好像正面对它的敌人，随时准备一场厮杀……这样高超的雕刻技术可是不多见的，这也是卢沟桥名扬国内外的主要原因。

"卢沟晓月"也是卢沟桥的一大美景，并且是"燕京八景"之一呢。每当月亮升起时，这里就会出现天上一个月亮，水里一个月亮的美景，一切都沐浴在皎洁的月光下，石狮子们都好像是活了一般灵动。此时的卢沟桥，就像爱丽丝梦游时去的仙境，梦幻而美丽。但永定河上的水流曾一度枯竭，这样的美景也随之一度消失，直到2008年奥运会才又重新注满了水。

　　卢沟桥上的石狮大多都是明朝或清朝的遗物，民间都传说，卢沟桥的石狮是数不清的，这个说法也是有由来的。很多去卢沟桥游玩的人都试图数清楚，这石狮子到底有多少个，可数来数去，也没人真正数出来，这可不是因为他们数学学得不好，而是这些石狮子实在是太多了！

43

　　不过曾经也有专门的部门对石狮子进行了统计，数出来一共是485只，这下总算弄清楚石狮子的数量了。可是，在十几年后的统计中，又有16只石狮子"跑"了出来。于是，卢沟桥石狮子的数量又成了一个谜，谁也说不准哪天会不会再跑出几只石狮子来。你要感兴趣可以亲自去数一数。

　　虽然卢沟桥的石狮子是镇桥之宝，但卢沟桥最有特色的地方其实是它的桥墩。

桥墩能有什么特色呢？这可不是一般的桥墩，桥墩的下面是船形的，受水流冲击的那一面就像一个尖尖的船头，不要小看这个设计，它可以大大地减少水流的冲击力呢！卢沟桥的桥身也非常美丽，护栏是精美的石雕，望柱的柱头刻有莲座，并配有荷叶造型的墩，柱顶上就是前面所讲的众多的石狮子了。

　　卢沟桥年代久远，修缮工程自然是不可避免的。因此，它经历了好几次修缮，目前被列为国家重点文物被保护了起来，已不允许通车。在它的不远处，一座崭新的现代卢沟桥接过了它手里的接力棒，继续担负着交通往来的重任。

安平桥保平安

在很久很久以前，晋江的安海镇经常会遭遇洪水和海潮的侵袭，灾难连连。当地的百姓被折腾得苦不堪言，可是无论他们怎么求神拜佛，这种状况都没有办法改变，于是有人传言，这是因为有两条孽龙在这儿作祟。

这件事让一个在当地修炼的老道士知道了，他决定为当地的百姓除害，可是一直也没有找到机会。终于有一天，让他碰到

了一个机会。两条龙在海滩上玩耍，不久他们就玩累了，之后便躺在沙滩上睡着了。道士逮到这个机会，立刻用仙术将两条龙镇住了。

　　镇住两条龙后，道士就想可以用两条龙去填住安海港，减少海潮对当地百姓的滋扰。于是，道士将两条龙铲到担子里，准备挑着他们去安海港。而两条龙在海滩上留下了两个大窟窿，后来涨水时，这两个大窟窿被填满了水，就形成了现在的龙湖和汕湖。其中，龙湖是原来那条黑龙住过的地方，泥土呈黑色；汕湖

是那条赤龙住过的地方，泥土呈赤色。

可是当道士挑着这两条龙经过一座山的时候，他在跨越一条溪涧时一不小心颠簸了一下，这下让两条龙醒了过来，趁着道士不注意，飞上天去了，只留下了两个土堆，后来形成了两座山。没有将两条龙收拾掉，道士空手而回，继续修炼去了。

又过了很多年，有一天，安海地界下起了大雨，连续下了很久也不停。眼看着大水就要漫进安海港了，这时已经得道成仙的道士发现还是那两条龙在兴风作浪。于是他运功从口中吐出一条七彩的锁链，这条锁链直接从安海镇跨过了海湾，到达了南安的水头镇。锁链将两条龙压在了水下，两条龙见状吓得魂飞魄散，逃到大海里去了。

两条龙逃跑后，大水也就退了，为了防止两条龙再次回来作乱，安海镇的百姓决定用大石块沿着锁链铺一座长桥，这样就可以永久地镇住两条孽龙，也方便了两岸百姓的往来。于是大家一起集资出钱，修建了一条横越安海的跨海大石桥。

桥建好后，安海镇再也没有孽龙来作乱了，从此风调雨顺，百姓安居乐业。因为是这座桥保佑了两岸的百姓，所以这座桥被称作安平桥，取"平安"之意。又因为这座桥长五里，所以当地百姓又称其为五里桥。安平桥的传说当然就只是个传说，但当时建设安平桥，其本意却真的在于保障两岸百姓的平安。

安平桥始建于南宋绍兴八年，能修建安平桥这样浩大的工程，足可见当时沿海经济的发达了。

据说，修建安平桥的是当地一个叫黄护的富商，他饱读诗书，本来立志于考取功名，可是屡次落第后他就放弃了这个打算，转而来到沿海地区经商。黄护为人乐善好施，为方便行人，他出资筹建了安平桥。虽然他在有生之年没有看到修好的安平桥，但他的儿子继承了他的遗志，建好了这座桥，前后共历时十几年。

安平桥全长有2000多米，桥墩极具特色，有三种不同的形状。一种是长方形的，在陆地上起支撑作用；一种是一端为方形的，用于比较和缓的港道；还有一种是船形，两端都是尖的，可以减少水流的冲击，因此用于水流比较急的地方。这种根据水势的不同而使用不同桥墩的创意，有效保证了桥梁的长久稳固。

很多宋代的雕刻精品也是安平桥的一大特色，这些

石雕人物形象逼真，威武雄壮。桥上还有雨亭，桥面两边有石护栏，护栏的栏头上还雕刻着狮子、蟾蜍等象征着吉祥、辟邪的动物。整座桥梁造型精美，具有较高的观赏价值。

安平桥是我国现存的古代梁氏石桥中，桥梁最长的一座，因此被人们称赞为"天下无桥长此桥"。安平桥也是我国现存最长的海港大石桥，在我国公布的第一批全国重点保护文物中，安平桥就名列其中。

因为台风的侵袭，桥体的石栏和桥板都受到了不同程度的损伤，虽然一直没有停止修缮工程，但这种状况还是没有得到彻底改善。而且在桥的两头和桥的中亭，水体受到

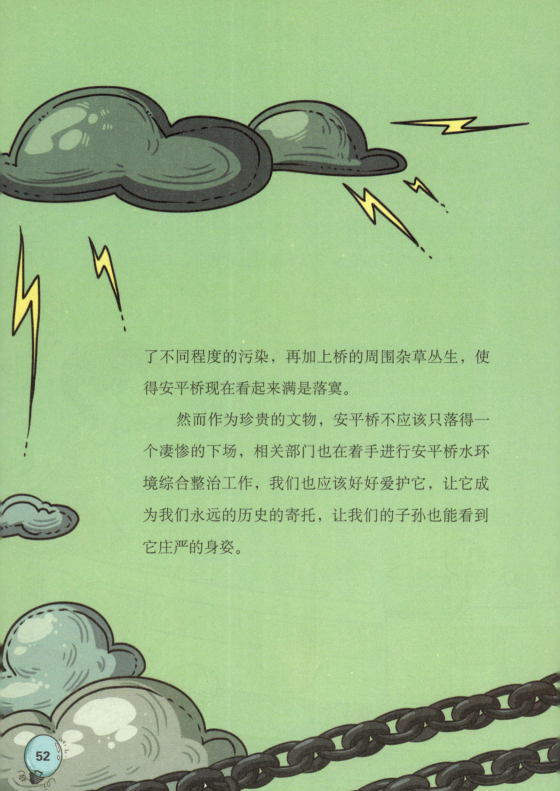

了不同程度的污染，再加上桥的周围杂草丛生，使得安平桥现在看起来满是落寞。

然而作为珍贵的文物，安平桥不应该只落得一个凄惨的下场，相关部门也在着手进行安平桥水环境综合整治工作，我们也应该好好爱护它，让它成为我们永远的历史的寄托，让我们的子孙也能看到它庄严的身姿。

"大渡桥横铁索寒"

天气很阴沉，呼啸的北风刮得人脸上生疼，翻滚的河水在如墨的天空下汹涌着，伸着骇人的巨大舌头，舔舐着冰冷的铁索桥。桥在风中呜咽着、摇晃着，时而闪现阴冷的白光。突然，一群黑色的影子悄无声

息地接近了桥边，他们停下脚步，好像在犹豫什么。可是不多时，这群黑色的影子就攀上了桥面，准备向对岸悄悄前进。

突然，河的对岸亮起了几簇火把，隐隐约约还有几个人影。他们并不是要过河，而是点燃了桥面的木板，熊熊大火眼见着就烧起来了。并没有多久，桥面上的木板就烧得一干二净，只剩下几根光秃秃的铁链还连接着河流两岸，看着对面要过河的人好像不可能从这光秃秃的铁索上过来了，这边守着的人才放心了不少。

要过河的这群人似乎遇到困难了，他们能顺利通过河流到达对岸吗？他们为什么要过河呢？其实这就是当年红军"强渡大渡河"的故事。红军为了粉碎蒋介石的阴谋，在大渡河与国民党军队展开了激战，并在枪林弹雨中英勇地渡过铁索桥，取得了战斗的胜利，而毛主席也由此写下

"金沙水拍云崖暖，大渡桥横铁索寒。"的诗句来形容大渡河的艰险。大渡河上的铁索桥也因此成为中国红军长征史上的一座里程碑。

因为这次著名的战役，铁索桥也名声在外了，但它还有一个名字却鲜少被人提起，那就是泸定桥。在清朝的时候，这座桥是人们从四川进入西藏的一条很重要的交通路线，也是一个在军事上占有重要地位的要塞渡口。直到现在，这座铁索桥的桥头还有当年康熙皇帝御笔亲题的"泸定桥"的石碑呢。康熙皇帝为此桥题名时正是平定西藏准噶尔之时，又因为铁索桥位于大渡河上，康熙帝误以为这个大渡河原来叫作"泸水"，因此就取名为泸定桥了，其实大渡河古称"沫水"。碑上的横批是"一统山河"，当然你也可以倒过来读成"河山统一"，不过无论怎么读，都可以看得出来，康熙皇帝还是很希望统一中国这片大好河山的。

铁索桥自古以来的政治地位很重要，这点毋庸置疑，但我们

也不能因此就否定了它的观赏价值。铁索桥位于四川省泸定县城的大渡河上，在康熙年间就建好了。这座桥最神奇的地方是它仅用13根铁链组成，如果不亲临其上，恐怕我们永远都无法想象，在科学技术并不发达的清朝，那些前辈们到底是怎样做到将这样沉重的铁索横跨大河两岸的啊！不过想不到也没关系，因为我们现在只需要去敬佩古人的智慧和瞻仰这座长征"丰碑"就可以了。

　　不过我们千万不要受红军过铁索桥故事的影响，认为铁索桥除了13根铁索就再无其他了。如果真是这样，当地那些普通民众总不能也爬着过去吧？铁索桥的桥面是由木板铺成的，虽然听起来并不结实，但也总比没有桥面要好得多。当初蒋介石的军队就是烧了这些木桥面，才给红军渡河带来那么多麻烦的。

　　铁索桥的周围还有一个很有特色的建筑。那就是两岸木制结构的桥墩，这可是只有我国才有的建筑结构哦。由于全身都是钢铁铸成，铁索桥自然是个重量级选手，所以它必须要用桥墩来支撑才能稳固。跟铁索桥一样，它的桥墩重量也不轻呢，恐怕只有孙悟空的金箍棒才有这么重，不过太轻的桥墩也撑不起这座超重的桥梁呀。

现在，铁索桥已经是我国的重点保护文物了，行人的往来也不再需要它提供服务了，可是铁索桥却从未"退休"。它现在每天都会迎来大批的游客，用它奇特的身姿和丰富的经历，向每一个人讲述那些曾发生在它身上的故事。你听，连那大渡河翻滚的河水也在认真倾听呢！

有龙的传说的
双龙桥

在古代的传说中，云南一直都是个神秘的地方，那里有原始的森林，有神奇的动植物，你是不是对美丽、神秘的云南有着深深的向往和无限的憧憬呢？云南还有老祖宗们留下来的丰富的物质遗产呢！

双龙桥就是他们的一个骄傲。这座桥位于建水古城，它横跨了泸江和塌冲河两座河流，俗名叫作"十七孔桥"，是云南省极

具艺术价值的一座多孔连拱桥，也是我国古代桥梁中的精品之作。

双龙桥上建有三座阁楼，阁楼都是飞檐式，楼与楼互相嵌套，形成了楼中有楼的格局。独具特色的三座阁楼是双龙桥与其他桥梁的区别之一。三座阁楼居中的那座较其他两座要更雄伟壮观一些，是一座有着"滇南大观楼"称号的名楼。

双龙桥最初是在清朝乾隆年间开始修建的，最初建成的是一座三孔石桥，可是

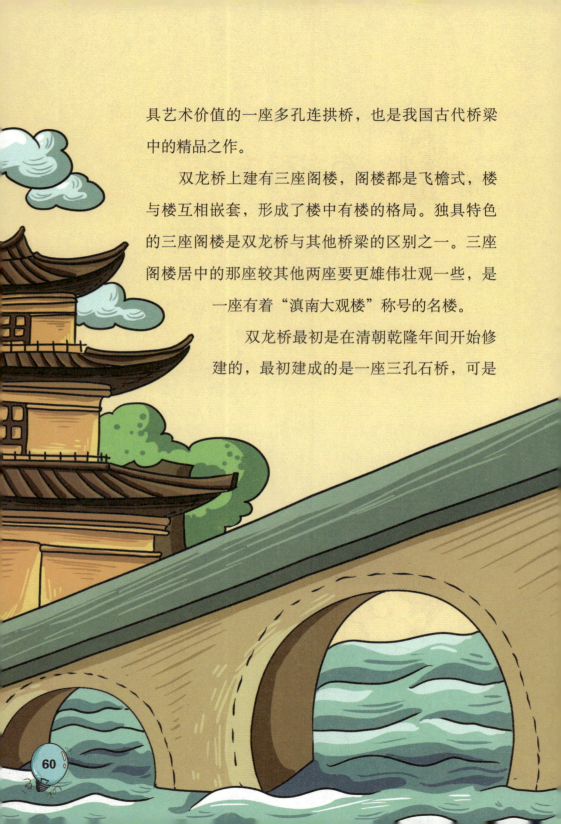

由于一次发洪水，将两岸陆地冲去一部分，于是看上去就好像这座三孔小桥跑到河中间去了。若是不能连接河水的两岸，那桥还有什么用呢？于是当地的官民在原来三孔石桥的基础上，建了一座十七孔石桥，就是双龙桥。他们还在桥上盖了三座阁楼，可是后来毁于战火中，幸好光绪年间又重修了阁楼，不然我们今天就看不到这样壮观的景象了。

双龙桥的背后还有一个温馨的小传说呢！相传在古时，金碧坡上住着一个孝子，名叫刘世海。他与母亲相依为命，可是突然有一天他的母亲因病重将要离开人世。在弥留之际，母亲拉着他的手嘱咐他一定要做好事，如果有办法就在渡口修座桥，以方便行人过河。可是贫穷的刘世海哪里有钱修桥呀？他只有力气，于是他决定先背人过河。

　　从此，刘世海就一直在渡口坚持背行人过河，十年如一日，不管是谁，他都坚持不收一分钱。而且即使他在背年轻的女子过河时，也从不动一丝邪念。刘世海的善行在当地传为美谈，不久，玉皇大帝也知道了这件事。于是他就让太白金星来考验一下这个年轻人，试试他是不是真的如传言一般。

太白金星变成一个年轻貌美的女子来到河边，做出要过河的样子。刘世海并没有为女子的美貌所动，他仍是尽心尽力地将女子背过河去，未动一丝邪念。玉皇大帝见了非常感动，他决定帮助刘世海完成建桥的愿望。

这天，刘世海还是像往常一样来到河边，一位焦急的姑娘来到河边，说她的母亲身患重病，她急需过河去请大夫，希望刘世海能够帮一帮她。刘世海二话不说就背起姑娘向河对岸走去，可是越走越觉得背着的姑娘变重了，但刘世海又不好意思回头去看。到了岸边，刘世海放下背篓，却发现那里是满满的黄金，哪里还有什么姑娘呀。

刘世海明白这肯定是神仙在资助他建桥，于是他赶紧回家，

请来能工巧匠修建桥梁。很快，一座三孔石桥就在河上架起来了，但是，就在桥面即将合拢的时候，石桥所差的两节无论用什么办法都没法合拢，急得刘世海日日烧香祈祷。

这件事情被龙王知道了，于是他叫来自己的两个儿子，小青龙和小白龙，命他们去帮助刘世海将桥建好。龙王的两个儿子到河边一看发现是因为桥面缺了两块石板，小青龙和小白龙纵身一跃，正好躺在了桥面的空档中，桥面随后便合拢了。于是，两条小龙也就化身为桥，填补了石桥的空隙。因此这座桥就叫作双龙桥。至今，我们还可以看到双龙桥的桥头有一龙头，桥尾有一龙尾，这倒是真实的，也许这也是双龙桥名字的来源吧。

高耸的阁楼，碧绿的原野，双龙桥仿佛是一叶漂在绿波上的画舫。阁楼的雕刻精美，造型别致，布局得体，走进阁楼依然能感受到这座桥梁的古朴韵味，花虫鸟兽都栩栩如生，使我们不禁感叹起古代工匠们高超的技艺。远看双龙桥，它的十七个桥孔一字排开，显得气势磅礴，在建水的十里平川上愈发雄伟壮丽。

作为古代的物质遗产，双龙桥占有非常重要的地位，它的价值是不可估量的。但如此重要的文物现在却并没有得到很好的保护，由于建水的交通条件匮乏，所以这座桥仍是当地居民通行的重要道路。

2006年5月25日，双龙桥作为清代古建筑，被国务院批准列入第六批全国重点文物保护单位名单。

侗乡人的骄傲

　　或许你曾经见过很多桥梁，但我们现在要介绍的这种桥梁你可能就没有见过了。不信，那你就慢慢听我来介绍这种独特的桥梁吧！

　　这种桥梁有一种另类而独特的气质。它们一般都是完全由木材筑成，这本来没什么特别，可是这种桥的顶部都设有桥顶，使得整个桥身就像一个长长的走廊一样，行人走在里面，既可以防止烈日的暴晒，又可以避免风雨的吹打。因此，它可是"世界上最不可思议的十大桥梁"之一呢！

为什么这种桥如此少见呢？因为这种桥梁是我国侗族人民独一无二的智慧结晶，它们在侗乡人聚居的地方也许并不少见，但是在别的地方你是很难见到的。

我们所说的这种桥梁就叫作风雨桥，它们可是侗族同胞们的骄傲呢。风雨桥并不是一座桥的名字，而是一类桥的总称。不过它们都有一个相同的特点，那就是它们都有一个高高的桥顶。风雨桥是由常见的栏杆式建筑发展而形成的，在贵州、湖南、广西等地都有广泛的分布。

风雨桥大多都建造在交通要道上，既可以为行人提供方便，又可以作为欢迎远道而来的客人的迎宾

场所。风雨桥一般由三部分组成，分别是桥、塔和亭，而且整座桥不使用一颗铁钉，而是直接用木榫连接，这也是它们神奇、独特的地方。不过，不要以为这样的木桥就不结实了，它们甚至可以比一些铁桥或石桥更长寿呢！

一直以来，风雨桥都是侗族人民自发集资建成的，所以他们经常会在桥身上镌刻一些象征着吉祥、长寿或丰收的图案。例如刻着龙凤图案的檐角，还有宝葫芦、千年鹤等，都寄寓着侗族人的美好期望。风雨桥在侗族人的聚居区非常多，这些桥就是

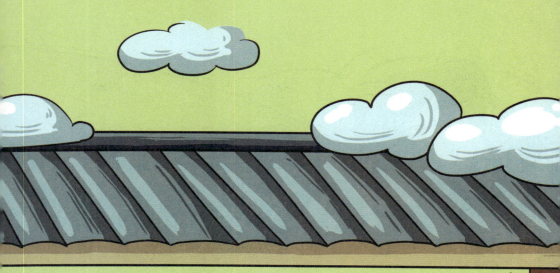

他们的一项公益事业，既方便了自己，也为很多
远道而来的人们提供了遮风避雨的场所。

　　风雨桥还有一个名字叫作花桥，一方面是因
为风雨桥被装饰得很漂亮，另一方面则与一个传
说有关。话说，原先的侗家只有十几户人家住在
一个小山坡上，其中有一对非常恩爱的小夫妻。
他们每天辛勤劳动，日子过得也很快乐。可是，
他们每天去劳作都要经过一座小木桥，这座木桥
下的河里有个螃蟹精，看上了美丽的妻子。

　　有一天，他们夫妻又去干活，刚走到小木桥
上，河水就突然暴涨，将妻子卷入水中了。丈夫

一看妻子不见了，就赶紧跳到河里寻找，可是几次都没有找到。伤心的丈夫就去找乡亲们帮忙，可是螃蟹精怎么能让他们这些凡人找到呢。

很快，这件事让一条花龙知道了，它打算帮助这些侗乡人。花龙来到螃蟹精的巢穴，将螃蟹精赶出老巢，并将它镇在离河不远的地方。螃蟹精被制服了，妻子获救了，大家都很感激花龙，但花龙却已经悄悄地返回自己的住处了。

花龙救人的故事很快传遍了整个侗乡，为了表示对花龙的感谢，人们将小木桥改成了风雨桥，不仅在桥上雕刻了龙的图案，并且在完工的时候还举行了盛大的庆典呢！

　　在有侗族人民居住的地方，就有风雨桥。像广西三江的程阳桥就是风雨桥中的代表性建筑；而湖南省的龙津风雨桥历经过数次损毁和重建，可算得上是命运最坎坷的风雨桥了；同样位于湖南省的普修桥则是一座非常美丽的风雨桥；乾州古城风雨桥是最长的一座风雨桥。风雨桥在全国能找出很多座，就看你对哪座感兴趣啦！

　　风雨桥不仅是侗族人民智慧的结晶，也是中国建筑中一道靓丽的彩虹。风雨桥既可以气吞山河，也能典雅别致，如此百变的造型和为人民服务的心肠，人们又岂能不热爱它们呢？因此，风雨桥不愧是侗乡人的骄傲呀！

小小桥梁音乐家

　　"哆来咪发唆啦西"，你听过桥梁演奏出来的美妙音乐吗？偷偷告诉你哦，在我们中国的所有桥梁中，真的有一位小小的"音乐家"呢。现在让我们一起走近它，听一听它那悦耳的乐声吧！

　　这座可以演奏音乐的神奇桥梁叫作五音桥，它位于河北省的东陵中顺治皇帝陵墓的神道上。在东陵的近百座桥梁中，五音桥是最有趣、最神奇，也是建造最精美的一座。它是皇家墓地中的一个大宝贝呢。

走在桥上，边走边敲击五音桥两边的栏板，你会发现它们会发出不一样的声音，有的高亢雄浑，像在敲击一口大钟；有的清脆悠扬，像是一只叮当作响的小铜铃。五音桥的声音并不是单一的，它可以发出五种音阶，分别是我国古代声乐中的宫、商、角、徵、羽，它也因此才被称为五音桥。如果你懂音律，说不定用一座桥就可以演奏出一首美妙的乐曲哦！

为什么五音桥能发出不同的声音来呢？它的"小喇叭"安在哪儿呢？原来，五音桥的栏板是方解石材料的，而方解石是一种含有很多铁的矿物质，所以敲击它时就能发出声音来了。不过，用木头敲击五音桥时，发出的声音才是最美妙的呢。因为除了方解石栏板外，五音桥上还安装了4块抱鼓石。抱鼓石就相当于五音桥上的小喇叭，可以将敲击发出的声音放大。有了方解石和抱鼓石，五音桥就成了一座会发声的建筑啦。

其实，就算五音桥不能发声，它也是座很漂亮的桥梁。五音桥的建造用料很讲究，全桥都是用汉白玉砌成的，作为栏板的方解石也都是选用质地洁白的，所以整座桥看上去洁白无瑕。五音桥的栏杆上还雕刻有精美的花纹，看上去栩栩如生，将桥梁装点得秀丽端庄。

东陵作为中国最后一个封建王朝的陵墓，建筑所用的材料

当然是十分精细的，而位于神道上的五音桥当然也不会例外，这座七孔五音桥是我国古代建筑中的艺术瑰宝。沿着五音桥一路行走，我们不仅可以欣赏美妙的乐声，还可以感受清王朝由盛到衰的历史变迁。

五音桥就算不是绝无仅有，那也是不可多见的，它使中国的桥梁文化更加多元化、趣味化，是我们中华民族伟大的文化遗产。

什么是抱鼓石？

抱鼓石，是两块由人工雕琢而成的形似石鼓的石制构件，一般放在宅门的入口处。由于抱鼓石的形态像是下半部的承托怀抱着石鼓一样，因此而得名。抱鼓石在民间还有很多称谓，如石鼓、石镜、门鼓等，经常出现在古代的牌楼建筑中。同时，抱鼓石也是一种身份的象征。

在历史的车轮下幸存

　　所有的老北京人肯定都会感慨北京的变化之快，原先那个古朴庄严、厚重肃穆的古老京城，如今也变得与其他城市一般无二了。同样林立的高楼，同样穿梭的人群，同样拥堵的车流，已经听不到那曾经熟悉的叫卖糖葫芦的声音了，也没有四合院里锅碗瓢盆碰撞出的浓浓的家的味道了。钢筋混凝土的城市干净而整洁，却少了许多人情味。

　　北京在前进，但总会有些东西还保留在那儿，没有随着历史的车轮变得面目全非。北京的后门桥就是历史车轮下的幸存者。

　　"万宁桥"是后门桥原来的称谓，始建于元代，原来为木制结构，后来改为单孔石头建筑。后门桥位于北京的地安门外大街，在北京的中轴线上，横跨什刹海与玉河交界处，因为地安门俗称后门，所以就称作后门桥了。

　　后门桥在北京古代的漕运历史中具有重要的历史地位，它见证了北京漕运的发展。元代时后门桥就设有闸口，漕船都需要从此经过。并且由于后门桥交通便利，又加上它就在京城的脚跟下，景色优美，因此古时候后门桥附近总会聚集大量商船画舫，每天都是一幅繁华的景象，真是景不醉人人自醉。

　　建国初期，后门桥那儿还没开始大规模建设，那时候小孩子们还可以在河里玩耍。后门桥下的湖水里肯定每天都有几个小兄弟，放学后也不回家，就跑到这里来，脱得精光跳到水里。他们肯定还很喜欢从湖底捞出稀泥来，将自己涂成一个个小"黑人"，然后去吓唬其他同伴。有时候他们运气好，还能在水里捞出几条小鱼小虾，这时候他们肯定会高兴地大叫大嚷。可是这群小家伙肯定不受那些大人的待见，特别是那些钓鱼的人。因为有

这些小家伙在，鱼儿们早都被吓跑了。

　　现在的后门桥虽然没有像天安门那样受到那么多人的追捧，但它的周围还是变了很多。那里不会再有孩子们无拘无束地玩耍了，钓鱼的人倒是还在，只是很少有鱼上钩，因为那儿的水并不十分清澈，水有不同程度的污染，鱼儿较少，并且嘈杂的游人也会吓跑仅存的那些鱼。

　　改头换面的后门桥，桥面变成了柏油路面，身下那个被淤塞、废弃的河道也早就失去了利用的价值，桥的

　　两边新建了很多建筑物，桥身的下半部分已经
被埋入了地下。经历了上百年的风雨侵蚀，后
门桥变得斑驳破落，已经看不出当年的繁华，
但桥栏上雕刻的花纹仍然清晰可见，仿佛在诉
说那段难忘的过往。

　　后来有关部门对后门桥进行了大规模的
整修，后门桥又重新出现在北京人民的视线
中，我们又能看到后门桥当年小桥流水的景
象了。如今，后门桥旁边又恢复了昔日的繁

华，商铺林立，行人如织。

　　后门桥还是那个后门桥，只是它重要的交通位置已经不复存在，它幸运地从历史车轮下逃脱，却最终还是湮没在了社会前进的滚滚浪潮中。后门桥依然以自己朴素的形象坚持着自己古朴的信念。

繁华市区的 "老人桥"

　　南京，是一座古老与现代交相辉映的城市，繁华的车流，熙攘的人群，无不彰显着它的热情和活力。但在这些繁华的背后也藏着一段段不为人知的历史，那些有着深厚历史积淀的建筑或景物都在默默诉说着，为人们揭开那些尘封的过往。

　　南京长江大桥就是这样一处建筑。相对于年轻的南京市区，它已经是一个风华不再的 "半百老人"，居于繁华市区与郊区的结合位置，却仍然忠实地履行着自己的职责。南京长江大桥是长江天堑上的一个奇迹，一个完全由中国人创造的奇迹。

由于处在长江下游地区，流经南京的江水水流非常湍急，江面又很宽，因此要想在这里造一座桥梁是件非常困难的事。当时的外国专家在勘察完地形后，很肯定地得出不可能在南京造桥的结论。然而，我们中国人用自己的聪明才智和勤奋探索的精神，在这不可能的地方建起了这座为国人争气的大桥。南京长江大桥是我国自主建设的第一座长江大桥，既可以供车辆行驶，又可以通行火车，是一座铁路、公路两用的桥梁。

我国第三大跨越长江的大桥就是南京长江大桥，其余两座是武汉长江大桥和重庆白沙沱长江大桥，但南京长江大

桥可是我们自己设计的长江上最长的桥梁呢。与很多当时建设的桥梁相比，南京长江大桥比较富有民族特色，桥上的装饰也都具有鲜明的革命时期特点。

南京长江大桥的南北两边都设有两个桥头堡，这是它的典型建筑。堡上有三面石刻的五星红旗，并且还有五个栩栩如生的人物雕像，代表着工、农、兵、学、商，他们一同握着五星红旗，表情坚定，团结一致向着前方，反映出老一辈革命家不怕吃苦、扎实肯干的革命精神。

大桥两侧的灯柱都是白玉兰花的形状，每到夜晚，当所有的灯都亮起来时，大桥就像一条闪闪发光的长龙，从长江上穿越而过。江面上的船只发出点点星火，与水面上倒映着的灯火交相辉映。要不是李白比这座大桥早出生了1000多年，恐怕

他也会惊叹于这样的美景吧，而那句"疑是银河落九天"也许就用来描写南京长江大桥了吧！

作为双层双线的公路、铁路两用桥，南京长江大桥采用了富有中国特色的双孔双曲拱桥形式，可同时供两列火车和四辆汽车行驶。在桥下，有一个大桥公园，里面种植着各种花草树木，从这儿可以乘坐电梯直接到达桥面的桥头堡。

现在，南京长江大桥的"天堑飞虹"已成为南京非常有名的景致之

一．曾经是南京的标志的桥头堡，至今还是长江大桥上著名的旅游景点。南京长江大桥除了是很多人游览南京时一处必看的景点外，还是长江上重要的交通枢纽，为南京与外界的沟通提供了很多便利条件，也是很多人进出南京的必经之路。

这么多年来，南京长江大桥承担着全南京人民交通往来的重任，虽然大桥坚不可摧，但经历了半个多世纪的风风雨雨后，它的身上还是留下了很多创伤。大桥虽然经过数次维修，但每次都只能维修表面，并不能对大桥的基础进行维修，因此相关工作人员根本没法对大桥进行全面的维护。

　　南京长江大桥虽然一直发挥着重要的交通作用，但随着社会经济的发展，它也有不适应社会发展的时候。由于南京长江大桥阻碍了大型轮船的通行，曾经有人提议要炸掉它，但这一举动会导致大量的资金损失，所以这个计划被搁置了。但南京长江大桥现在每天都较拥堵，车流量大大超过了当初的设计流量。

　　南京长江大桥算是一位"老人"了，虽然它已经不能完全满足今天的交通需求，但我们也不能忘记它曾经的贡献，还是要好好保护它。

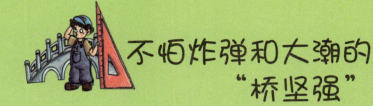

不怕炸弹和大潮的 "桥坚强"

　　说到钱塘江，大家一定不会对这个名字感到陌生，因为钱塘江大桥就像它的潮水那样，早都已经让我们如雷贯耳了。每年的八月十五，这个家家户户团圆的日子，也同样是观赏钱塘江涨潮的最佳日子。自古以来钱塘江大潮就闻名全国，所以每年都有上万人去欣赏钱塘江那如万马奔腾、壮观无比的大潮。

　　钱塘江虽然蔚为壮观，但那涛涛水面可确实给交通往来带来不小的麻烦呢。我国著名的桥梁专家茅以升在南京求学时，看到水面交通如此不便，于是在钱塘江上建设一座大桥就成了茅以升一直以来的梦想。后来，他真的实现了梦想，在钱塘江设计了钱

塘江大桥。

在一条水流湍急的河上修建一座桥梁谈何容易，但经过茅以升不懈的努力，这个梦想终于还是实现了，要知道那时候的中国几乎还没有我们中国人自主设计的桥梁呢。

建好后的钱塘江大桥确实给两岸的交通提供了很多方便，但那时的中国正处于抗战的关键时刻，"卢沟桥事变"的

　　爆发也让茅以升预感到一些事情，因此他预先在桥墩上留下一些洞口。当上海陷落，政府决定炸毁钱塘江大桥时，茅以升心情沉重，但还是表示了赞同。原来茅以升事先预留的洞口是用来放炸药的，他早已经预感到这一天了。

　　抗战胜利后，人们对钱塘江大桥进行了修复，恢复了使用。钱塘江大桥原来设计的使用年限是50年，目前已经超过使用期限20多年了，仍然可以放心使用。因为这钱塘江大桥，炸药不放对位置，是炸不掉的。这样连炸药都不怕的桥梁，我们见得还真不

多呢。当地的居民也因此送了钱塘江大桥一个贴切的外号，就叫"桥坚强"。

钱塘江大桥是我国第一座自己设计并建造的现代化大桥，它横跨钱塘江，是一座公路、铁路两用的双层桥梁。钱塘江大桥在战争中经历过炸弹的侵袭，并从建成那天起就时时受着潮水的冲击，因此它经历过数次的修修补补，但这一切都没有影响钱塘江大桥那如虹的气势，它依然像当初建成时那样雄伟壮观。

钱塘江大桥的建设不仅解决了往来的交通障碍，它也早已融

入到了周围的风景中，成为西湖风景区的一部分，与六和塔相互辉映。钱塘江大桥也是中国桥梁史上的一个里程碑，象征着我国在桥梁建设中取得的巨大成就。

如今，钱塘江大桥重要的交通地位已经减弱，因为在它的周围，钱塘江二桥、三桥、四桥……都已经投入使用。钱塘江大桥作为曾经的交通要道，现在只承担一部分次要任务，更多的作用是供游客参观。

长桥卧波，怎一个"美"字形容

　　有这样一条"长龙"，它静静地卧在碧波中，任海水多么猖狂，海风多么凛冽，它都不动分毫，那从容优雅的气质与杭州城中其他景物别无二致。它不是一座塔，也不是一道堤，它是杭州湾跨海大桥，虽是一座现代化的桥梁，却又融入了古典的美。

　　杭州湾跨海大桥是一座才投入使用不久的桥梁。作为一个"新人"，它受到的关注可不少呢。当然啦，就算是桥梁也喜欢大家都把欣赏的眼光放在自己身上，可是怎么引起大家的注意也是一门高深的学问。

　　首先，杭州湾跨海大桥以靓丽的外形博得了大家的眼球，为什么这么说呢？我国桥梁的设计大体上都是以实用和坚固为主，

在此基础上再考虑构造、形状等美学问题。但杭州湾跨海大桥在设计时就引入了景观设计的概念，将大桥建成了一道靓丽的风景线，不过这座桥梁的质量也是没得说的。

　　杭州湾跨海大桥是根据杭州著名景点西湖苏堤的"长桥卧波"的理念，再结合了杭州湾的水文条件和司机叔叔阿姨们开车时的心理特点，建成了曲线优美的"S"形。当司机们开车经过这样一座漂亮优雅的大桥时，心情也会变好吧。

　　杭州湾跨海大桥还有一个很特别很漂亮的地方，那就是大桥的护栏。这些护栏是采用不同的颜色刷成的。每5千米的路程就用一种颜色，从慈溪到嘉兴海盐一共用了赤、橙、黄、绿、青、蓝、紫7种颜色，正好组成了一座彩虹桥。每当司机和乘客们看到

这样的护栏，都会觉得眼前一亮，为漫长的旅途增添了一份快乐。我们不得不承认，这座桥梁的设计者想得真周到，而且还非常有创意呢。

其次，杭州湾跨海大桥的地理位置也非常优越，它处在交通要道上，连接着嘉兴和宁波。在这么显眼的位置上，想不引人注目都难呢。但杭州湾跨海大桥无愧于这些关注的目光，它的建成大大促进了宁波等城市融入长三角经济圈，对整个浙江的经济发展也起到了良好的促进作用。

这座桥梁的建成也打破了不少的记录。它是世界第五长的跨海大桥。并且这座大桥是由中国人自己设计、自己投资、自己建造的，因此中国人对它拥有完全的自主权。不过，建造它可是用了很多的钢材呢，那些钢材的总量都可以建造7个鸟巢体育馆了。其实，杭州湾跨海大桥只是从辽宁省沈阳市到海南省海口市高速

公路的一部分，它的作用也只是为了使人们能横跨宽阔的杭州湾海域，但尽善尽美的中国人还是将它设计得很好看呢。

在很多人眼里，杭州湾跨海大桥不仅是一座大桥，还兼具观景的功能。大桥上设有一个面积很大的观景平台，在平台上既可以向海中船只提供救援，也可以对游人开放，用来欣赏海上美景。

杭州湾跨海大桥的美观方面，设计者们已经做得很好了。那么，他们能否同样保证大桥的安全性呢？杭州湾并不是一个平静的海域，这里的海水喜欢没事儿闹闹脾气、耍耍性子，这里的桥梁必须要经得住海水折腾呀。不用担心，设计者们早就考虑到这一点了。

杭州湾所在的这块地方，海水情况确实比较复杂。不仅小型台风经常会来做做客，就连水流的方向、速度也相当混乱，不好掌握。甚至还时不时会有个海潮来光顾一番，而且这海潮的威力还不小。大家会发现，杭州湾大桥这种长桥卧波的桥形其实正好可以保障桥梁的安全。另外，为避免钱塘江涨潮时造成海水上涨的危险，桥梁还特意留出了两个航道，这样就万无一失啦！

　　杭州湾跨海大桥真不是一个"美"字就可以形容的，因为它是一座实用性和美观性兼具的桥梁。杭州湾跨海大桥如此的秀外慧中，也就不辜负人们对它寄予的厚望了，希望它能一直为浙江的经济发展作出贡献。

长三角是指哪些地方？

　　长三角是长江三角洲的简称，长江和钱塘江最后都会奔流入海，而经过长年累月的冲击，就在入海口处冲积出一块三角洲，上海市、江苏省、浙江省和安徽省的部分城市都坐落在这块三角洲上。这里自古以来就是富庶的江南之地。

钢铁铸造的 "彩虹"

　　它像彩虹一样美丽，却不会像彩虹那样一经阳光照射就会消失。因为它就是钢铁铸造的青马大桥，也是一座像彩虹一样美丽的大桥。

　　作为香港的标志性建筑，青马大桥也是一个吸引了大量游客的旅游景点。但美中不足的是，青马大桥上没有人行通道，所以行人是无法在上面漫步的。然而即使这样，每年仍然有大批来自世界各地的游客纷纷前来造访。那么，这座魅力不凡的桥梁到底特殊在哪儿呢？

　　青马大桥，连接着香港大屿山国际机场与市区里的各个主要交通干道，地理位置和交通位置十分重要。人们很难想象没有青马大桥的香港，交通状况会是如何，他们会因此而没法与外界沟通吗？虽然没有这么严重，恐怕也好不到哪里去吧。

青马大桥的建造，仅用了5年的时间。在这么短的时间内修建出一条世界上最长的行车、铁路两用的悬索式吊桥，在全世界都是少有的，因此这座桥可以称得上是世界级建筑呢。青马大桥横跨了青衣岛和马湾海峡，是为了配合香港国际机场而修建的，当时还是香港十大核心工程之一呢。

虽然修建青马大桥耗费的时间很短，但如果你要观赏青马大桥可是要

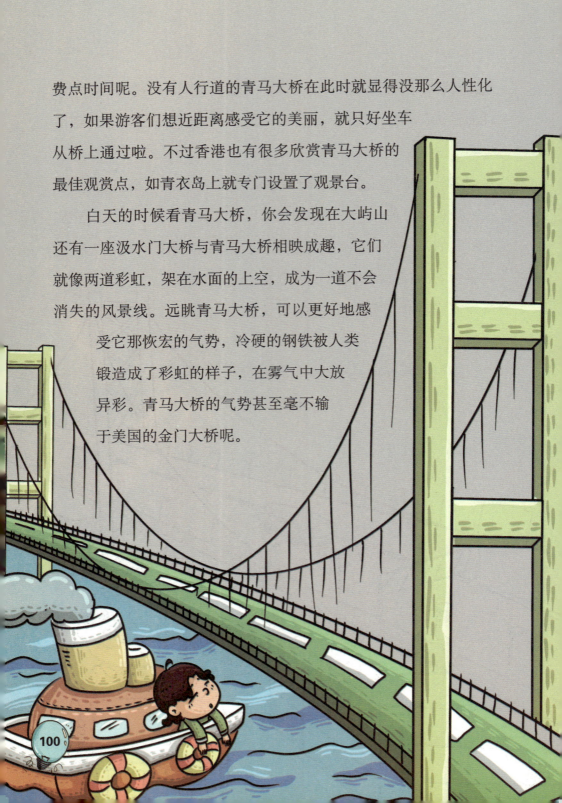

费点时间呢。没有人行道的青马大桥在此时就显得没那么人性化了，如果游客们想近距离感受它的美丽，就只好坐车从桥上通过啦。不过香港也有很多欣赏青马大桥的最佳观赏点，如青衣岛上就专门设置了观景台。

白天的时候看青马大桥，你会发现在大屿山还有一座汲水门大桥与青马大桥相映成趣，它们就像两道彩虹，架在水面的上空，成为一道不会消失的风景线。远眺青马大桥，可以更好地感受它那恢宏的气势，冷硬的钢铁被人类锻造成了彩虹的样子，在雾气中大放异彩。青马大桥的气势甚至毫不输于美国的金门大桥呢。

黄昏时分，青马大桥上还会亮起路灯，这些路灯一盏一盏争着发出耀眼的光芒，仿佛那里就是一座通往童话世界的奇幻仙桥。这时候的青马大桥要比白天更好看，此时的它少了些钢铁的冰冷，却因灯光给它镀上了一层暖暖的金黄，而多了一份罕见的柔情。在月圆之夜，整座桥还会反射皎洁的月光，水也闪着粼粼的波光，这时的青马大桥就像躺在一幅光的图画里。

青马大桥这座世界级的桥梁建筑，有时候是庄严肃穆的，有时候又显得温馨可爱。真的就如同一条钢铁彩虹一样，既美丽又威严。

什么是马湾海峡？

马湾原本只是一个小渔村，得名于妈祖，原名叫妈湾。它是位于香港新界的一个岛屿，在大屿山和青衣山之间。马湾的东西两面分别被两道海峡隔开，西边的是汲水门，东边的就是马湾海峡，并且两道海峡上都建有桥梁。

一座桥，腾飞 一个民族的希望

奔腾的雅鲁藏布江横穿西藏，它是西藏的母亲河，哺育了西藏的各族百姓。几年前的某个日子里，在这条母亲河上飘起了彩旗，敲响了锣鼓。藏族同胞们载歌载舞，他们在欢庆一座大桥的建成，那天就连洁白的雪山都仿佛激动得红了脸颊。

这是一座位于雅鲁藏布江和拉萨河交界处约10千米远的大桥，叫作雅鲁藏布

江大桥，也叫作跨雅鲁藏布江特大桥。它是拉萨人民出入西藏的重要道路，直接与拉萨市的贡嘎机场相连。在目前跨雅鲁藏布江的各大桥中，它的长度最长，并且是属于西藏"两桥一隧"工程中的一座大桥，对西藏的交通运输具有重要意义。

雅鲁藏布江大桥全长3700多米，桥面宽度为12米，是座公路大桥。它屹立在美丽的雅鲁藏布江上，雅鲁藏布江的这部分江段汇聚了拉萨的多条河流，而且距离雅鲁藏布江大峡谷还有一段距离，所以水流较缓慢。水体也很清澈，几乎可以看到江底，再加

上充沛的水量，成就了这段河流优美的景色。站在雅鲁藏布江大桥上不仅可以远眺这条河流与高原交相辉映的美景，而且说不定你自己就已经成为这美景中的一部分了。

雅鲁藏布江大桥不但见证了西藏的发展，也为西藏的发展作出了重要贡献。大桥建成后，大大缩短了拉萨市到贡嘎机场的时间，为出行的人们和货物运输提供了极大的方便。这座桥是目前西藏规模最大的公路建设工程，所以，西藏政府对它投资也不小，它可是西藏科技含量最高的公路桥梁了。

西藏的雅鲁藏布江大桥充分体现了国家对西藏交通建设的支

持和关心，是整个国家与藏族同胞们血脉相连的见证。雅鲁藏布江大桥连接的不仅是雅鲁藏布江两岸，还成为了连接汉族与藏族人民深厚友谊的纽带。雅鲁藏布江大桥造福了所有西藏人民，给整个西藏的经济插上了腾飞的翅膀，这一座桥就是一个实现经济发展的希望。

雅鲁藏布江大桥还将继续忠实地履行自己的责任，为藏族同胞的交通往来提供助力，为藏族人民的经济腾飞插上翅膀。

"两桥一隧"工程是指什么？

"两桥一隧"是2003年开始建设的一项西藏公路建设工程。整个工程的范围横跨雅鲁藏布江和拉萨河，穿过嘎拉山，将拉萨市与贡嘎机场连接起来，使贡嘎机场不再是一座离城最远的机场。其中，"两桥"是雅鲁藏布江大桥和拉萨河特长桥，"一隧"是指嘎拉山隧道。

龙女与鸦片，
这个组合很奇怪

　　这里流传着美好的传说，这里也弥漫过阵阵硝烟，但时间就是这么神奇，再大的创伤也能在它的抚摸之下渐渐愈合。虎门这处美好与伤痕并存的地方，从过去到现在，终于走出了阴影。

　　曾经，这片阴影笼罩了全中国，使得中国的尊严无处搁置。这时，一位民族英雄站了出来，他就是林则徐。他带领着虎门的军民，在珠江上筑起了一道铁索，锁住了珠江，抵御着外敌。这道铁索使珠江水域难进更难出，凭借着这

道人工筑起的关卡，林则徐拦截了许多英国向中国运送鸦片的舰队，并在虎门焚烧了收缴来的全部鸦片。鸦片战争由此爆发。如今，林则徐筑起的那道横锁大江的铁索早已不在，而江上也早已换成了虎门大桥。

现在，硝烟已经不在，天空是清澈的蓝，河水也在和缓地流淌着。原先难以逾越的天堑，因为虎门大桥的建成，而变成一片通途。在岸上看虎门大桥，它飞架在珠江之上，在碧波荡漾中气势宏伟壮观，如一把横空出世的利剑，斩断了天地间的阴霾。漫步在大桥上，我们更可以感受天地间的气候变幻，眺望远处的片片帆影。

　　虎门大桥是我国第一座大型悬索桥，桥头上还有江泽民爷爷亲手所题的"虎门大桥"四个大字。虎门大桥的主缆是由强度特别高的镀锌钢丝组成的。

　　现在广东省的地标建筑之一就是虎门大桥，它的现代化设施非常完善。例如，桥梁上的交通标志非常醒目；并设有电话亭，可以供人们拨打紧急电话；还有先进的监控设施，为大桥的安全提供了保障。虎门大桥连接了珠江的东西两岸，跨度很大，在不用钢索吊住的情况下建设起来是相当有难度的。但这点难度与它带来的好处相比可就不值一提了，毕竟它联通了沿珠江而建的各个城市，为深圳、珠海等地的经济发展创造了很多便利条件。

虎门这个地方周围有很多小岛分布，关于这些小岛当地还流传着一个故事。

在很久很久以前，南海龙王的女儿阿娘被神虎捉去了，为了救出心爱的女儿，龙王与神虎在虎门发生了一场恶战。龙女阿娘逃了出来，但在半途中她的绣花鞋掉了，于是在珠江上形成了阿娘鞋岛。龙女最终逃到了一个安全的地方，这个地方后来就被称作"太平"。再说龙王与神虎大战时将一根木棍断成两截，这断开的两截木棍就形成了上下横挡岛。

最终神虎被龙王降服了，但神虎却产

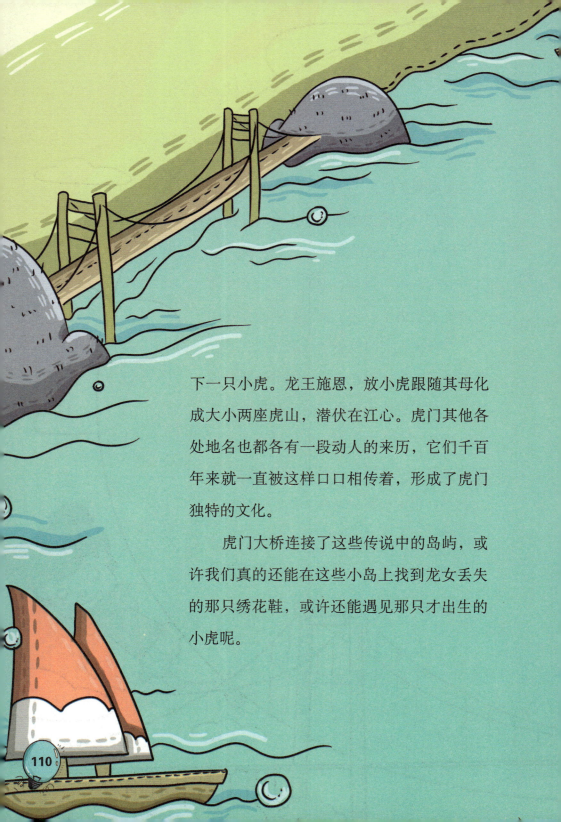

下一只小虎。龙王施恩，放小虎跟随其母化成大小两座虎山，潜伏在江心。虎门其他各处地名也都各有一段动人的来历，它们千百年来就一直被这样口口相传着，形成了虎门独特的文化。

虎门大桥连接了这些传说中的岛屿，或许我们真的还能在这些小岛上找到龙女丢失的那只绣花鞋，或许还能遇见那只才出生的小虎呢。

浪奔，浪流，上海滩

　　"浪奔，浪流，万里涛涛，江水永不休……"大家还记得这段熟悉的旋律吗？电视剧中的许文强叱咤风云，在上海滩那风景如画的十里洋场，还真是如鱼得水呢。不过岁月变迁，上海滩的多少英雄都已成往事，可上海苏州河上一座见证了上海那些风云往事的大桥，却仍然骄傲地屹立着。

　　黄浦江奔腾着的江水带走了许多往事，如今的上海滩既

不是那个破落不堪的小渔村，也不是那个灯红酒绿的十里洋场，那我们还有什么东西可以用来铭记那段历史呢？外白渡桥！对，它就是旧上海的缩影。这是一座看尽了世间繁华与落寞的桥。曾经上海是个世界大都市，是冒险家的乐园，很多人都是跨过这座桥，走进了上海滩。他们都希望能成为许文强一样的人物，然后在这里邂逅一个冯程程。

外白渡桥在桥梁的历史长河中可能并不是很有名，但在上海人的眼里，特别是那些老上海人的眼里，这座桥可是意义非凡的。从上海那些老爷爷、老奶奶的口中，我们很容易就能够听出，他们有多么怀念上海曾经的那种繁华，而如今就只有这座桥可以供他们去缅怀自己的青春年少了。

立于苏州河和黄浦江交汇处的外白渡桥，也位于上海的黄浦公园旁边。外白渡桥这个名字看起来有些奇怪，那它是怎么得来的呢？其实，外白渡桥原本应该叫作公园桥的，因为大桥的铭牌上就是这么标记的，之所以更换了名字则是因为一段历史。

上海刚开始开放码头时，人们渡江只能依靠摆渡，因此最靠近出口的码头就被称作"外摆渡"。后来，这块地方被划成英美的租界地，这些渡口也由于商业贸易的频繁进行，而对摆渡日渐力不从心。于是，一个叫威尔士的人组织修建了这座桥，上海人习惯称之为"外摆渡桥"。

桥建好后，过河是方便了，可是威尔士却向过桥的人收取大笔的过桥费，而且向中国人收取的明显比外国人多。这下上

海人民就不愿意了，工部局看到这么多人反对，于是就在外摆渡桥附近另修了一座桥，免费供行人通行。上海人就戏称这座桥是"外白渡桥"，"白渡"就是指不用付钱、免费渡河的意思，而它的真名却逐渐被人们淡忘了。

刚修建好的外白渡桥只是一座小木桥，是后来经过重建才形成了今天我们看到的大铁桥。在旧上海它可是标志性建筑之一，现在，我们在许多讲述旧上海的电影、电视剧里，都能看到它的身影。外白渡桥也已经老了，早没有了昔日的繁华和荣耀，很多年轻人也只是把它当作一座普普通通的、每天都能见到的旧桥罢了。

曾经，外白渡桥把上海市区与沪东紧紧连在了一起，是城市的象征，见证了上海滩的兴起。而桥上写着"华人与狗不得入内"的牌子，还有当初过桥的华人都必须向日本兵鞠躬的规矩……这些中国人在那时承受的屈辱，也都被外白渡桥一一记下了。它默默记载着这个城市的兴衰荣辱，自己却在现代人的记忆中渐渐模糊。

　　直到一封来自英国的信唤起了大家对这座桥的注意。外白渡桥虽然是全钢结构，让人感觉硬朗坚强，但它毕竟已经是百岁高龄的"老人"了。这封来自英国的信，就是为了提醒上海有关部门对桥梁进行检修的。

　　收到这封信后，上海市政部门就立即着手对外白渡桥的修复工程。为了保存上海的历史印记，大桥的修缮工作基本上都是按照大桥的原貌进行的，尽量不改变大桥的任何部分。修缮后的大桥寿命延长了50—100年，为了更好地保护大桥，现在外白渡桥只允许行人通过，车辆只好绕道而行啦。

　　外白渡桥在最大程度上保留了原桥的特点，剥落的油彩、超限的铆钉都换成与原来一样的，这个百年老桥又完整地回归到上海人的视线中来。

外白渡桥作为上海历史不可缺少的一处印记，当它再次华丽回归时，上海人民已经认识到它对上海的重要性。这个"老人"不会再在风雨中踽踽独行，因为现在它有一大群爱护它、欣赏它的年轻后辈们。

为什么桥上会出现"华人与狗不得入内"的牌子？

鸦片战争后，中国上海出现了租界区。租界区内是洋人聚居的地方，他们建设了一些公共设施，如公园等。这些公园一般不允许华人进入，而无人牵着的小狗也不允许进入，于是有人将两条规定合起来，成了"华人与狗不得入内"。这是一种将华人与狗相提并论的举动，因此这个标语被所有中国人认为是极具侮辱意味的。

落第秀才的诗意

　　夜已经深了，天气也很寒冷，张继独自一人坐在一叶孤舟上，竟然感觉不到一丝寒冷。他现在很伤心，因为苦学多年进京赶考，却落第了。皇榜无名，他只好闷闷不乐地回家了。虽然已经接受了落第的事实，但张继在这样的夜晚实在是无心睡眠。

　　既悲伤于自己的际遇，又想念家乡的张继，看着面前的一座小桥，听着远处传来的钟声，不禁有感而发，写下了一首世人皆知的诗词。没错，这首诗就是著名的《枫桥夜泊》："月落乌啼霜满天，江枫渔火对愁眠。姑苏城外寒山寺，夜半钟声到客船。"

这首诗让张继闻名天下，也成就了一座名桥——枫桥。虽然只是一座小小的单孔石桥，在苏州这样的江南水乡也随处可见，但只因张继那突然萌发的诗意而成为一座富有意境的小桥。它虽然还是原来的桥，但一旦给它穿上了一件诗意的"外衣"，也就不再是普通的桥了。我们不知道使这座桥成名的张继后来如何了，我们更不知道那年金榜题名的人是谁，但我们却永远记住了这座枫桥，记住了那悠远绵长的夜半钟声。

现存的枫桥是清朝同治皇帝时期重建的，已经不是张继在唐朝时看到的那座桥了。古代的时候，这里是一处交通要道，平时有漕运船只经过时会封锁河道，每天入夜后也会封锁河道，因此这座桥叫作"封桥"。当时很多外地人在晚上会随着自己的船只被封锁在这里，而张继当时也遇到了这种情况。

因此枫桥的原名并不是"枫桥"，而是"封桥"。可能张继是外地人，所以根本不知道自己写错了这桥的名字。但也可能他

认为这样写更加有诗意，总之，这是个美好的错误。既然是美好的，别人也就不追究它是不是错误了，后来的人们也就一直这么叫下来了。

张继在《枫桥夜泊》中描写的意境实在是太美了，既空灵又远阔，所以经常会让别人误以为枫桥是座很大的桥，甚至都望不到尽头。不过这也不能怪张继，诗人都喜欢使用一些夸张的措辞，也可能当时天太黑，他真的没有看到那桥的尽头呢。其实，枫桥也只是一座长不到40米，宽不足5米的小石桥，但这并不妨碍它吸引着如织的人流。

后来也有很多诗人写过这座大名鼎鼎的桥，陆游写过"七年不到枫桥寺，客枕依然半夜钟"，杜牧也写过"唯有别时今不忘，暮烟秋雨过枫桥"。虽然各大诗人争相夸赞枫桥，但没有一个人的诗可以超越张继的那首。

枫桥位于古运河之上，枫桥古镇依水而建，寒山寺香火不断。此情此景让很多中外游客神往不已，他们来到苏州必做的事情就是一定要去一睹枫桥的风采，一闻寒山寺的钟声。但是寒山寺的那口旧钟已经损坏，虽然已经换了新钟，但不能与张继听到同一个钟声也是后世人的一种遗憾。

虽然是普通了一点，但枫桥的造型古朴优美，再加上独特的地理位置，也算得上是一处好景了。枫桥在寒山寺北的不远处，在桥上就可以遥望到寒山寺，还可看到那条奔腾不息、活力无限的古运

河，只是再不能看到那些夜泊枫桥的游子们，是如何独对一江渔火了。

一个落第秀才，一次孤独夜泊，一首失意之诗，还有一座应景的石桥以及一阵钟声，营造出情味隽永的清幽之境。现在我们已无法评论，到底是枫桥成就了张继，还是张继成就了枫桥，反正我们又多了一处静心之地，也是求之不得的呢。

枫桥上的月光依旧如昨日一般，又有多少游子在枫桥上流连过，但枫桥并不管人间的世事变迁，它依然是那座桥，不管你喜欢或不喜欢都不会改变。其实并不一定非得是磅礴大气才叫美，古朴秀气也是一种别样的美。